Ministério da Palavra de Deus

D. Hilário Moser

Ministério da Palavra de Deus

Breve Catequese

EDITORA
SANTUÁRIO

COORDENAÇÃO EDITORIAL: Ana Lúcia de Castro Leite
REVISÃO: Luana Galvão
DIAGRAMAÇÃO E CAPA: Maicon Santos

Dados Internacionais de Catalogação na Publicação (CIP) de acordo com ISBD

M899m Moser, Dom Hilário

Ministério da Palavra de Deus: Breve catequese / Dom Hilário Moser.
- Aparecida : Editora Santuário, 2024.

80 p. ; 11cm x 15cm.

Inclui índice.
ISBN: 978-65-5527-437-0

1. Religião. 2. Cristianismo. 3. Palavra de Deus. 4. Catequese. I. Título.

2024-1949 CDD 240
CDU 24

Elaborado por Vagner Rodolfo da Silva - CRB-8/9410

Índice para catálogo sistemático:
1. Religião : Cristianismo 240
2. Religião : Cristianismo 24

1ª impressão

Rua Pe. Claro Monteiro, 342 – 12570-045 – Aparecida-SP
Tel.: 12 3104-2000 – Televendas: 0800 0 16 00 04
www.editorasantuario.com.br
vendas@editorasantuario.com.br

SUMÁRIO

Apresentação 7
Ministério da Palavra de Deus 9
1. Quem é Deus? 11
2. Deus fala? 15
3. Deus fala por meio da Criação 16
4. Deus fala por meio dos seres humanos 20
5. Deus fala por meio dos acontecimentos da história 23
6. Deus fala por meio de um povo 27
7. Deus fala por meio de seu Filho 33
8. Deus fala por meio de sua Igreja/Povo de Deus 38
9. Deus fala por meio da Bíblia, da Tradição e do Magistério da Igreja 43

10. Deus fala por meio
da consciência de cada pessoa 47
11. O que diz a Bíblia
sobre a Palavra de Deus? 49
12. O que diz a Igreja
sobre a Palavra de Deus? 51
13. Que atitude devo tomar
diante da Palavra de Deus? 60
14. O que significa
ser "Ministro(a) da Palavra"? 63
15. O que quer dizer "servir à Palavra"? 64
16. Sete dicas fundamentais 65
17. Conclusão 69

APRESENTAÇÃO

Estas páginas querem ser uma breve catequese para as pessoas que, nas paróquias e nas comunidades, são convidadas a "proclamar" (não, simplesmente a "ler"...) a Palavra de Deus, ou seja, a ser Ministros(as) da Palavra de Deus.

Não se trata somente de desempenhar bem o papel de leitor/a na liturgia. Trata-se de fazer da Palavra de Deus o centro da própria vida espiritual. Seria um contrassenso receber a missão de proclamar a Palavra de Deus e depois viver, no dia a dia, o "avesso" da Palavra que se proclama na liturgia. Esta breve catequese quer precisamente ajudar a viver da

Palavra de Deus, testemunhando-a com a vida, além de propor algumas atitudes de ordem prática em função de sua "proclamação".

Que a Santa Mãe de Jesus, que se declarou "serva do Senhor" e que ao dizer: "Faça-se em mim segundo a tua palavra" (Lucas 1,38), declarou-se também "serva da Palavra", sirva de exemplo e de intercessora na bela missão de proclamar a Palavra de Deus.

D. Hilário Moser, SDB

Bispo Emérito de Tubarão, SC

MINISTÉRIO
DA PALAVRA DE DEUS

– Muito bem, você que gosta de ler a Bíblia, de "proclamar" a Palavra de Deus na celebração da Eucaristia, que está disponível a assumir o Ministério da Palavra de Deus, nas páginas deste pequeno livro, vai encontrar o essencial, a fim de se preparar para desempenhar, com a dignidade que a liturgia merece e com proveito para o Povo de Deus, o Ministério da Palavra de Deus.

Para começar, vamos aprofundar o sentido de três palavras: **Ministério – Palavra – Deus**. Comecemos pela última – Deus –, que é a razão de ser das outras duas.

1. Quem é Deus?

Como ensina São João, "Deus é Amor" (1João 4,8), tudo o que faz ele faz por

Amor, que, portanto, é a definição humana de Deus; digo "humana", porque o ser humano precisaria ele mesmo ser Deus para poder exprimir quem é Deus realmente. Por mais que você tente, só conseguirá dizer o que Deus **não** é; jamais, **quem** ele é.

Você pode perguntar: por que isso? Não é melhor ir logo ao assunto que interessa? – Não! Em primeiro lugar, você precisa tomar consciência de que, quando chegar sua vez na liturgia de "proclamar" a Palavra de Deus, emprestará sua boca, sua língua, sua voz ao próprio Deus! Não é você que fala... Você precisa ter consciência do papel que desempenha: ao Deus invisível você empresta sua voz para que os humanos possam ouvir o que Ser Divino diz naquele momento.

Não sem razão, já é a segunda vez que, em poucas linhas, eu uso o verbo "proclamar", em vez de "ler", a Palavra de Deus. Ao ir ao ambão (mesa da Palavra), pense assim: estou indo para ser o "alto-falante" de Deus; por isso, grande cuidado, grande respeito, grande consciência, grande preparação... Sobre isso falaremos mais adiante, na parte final das "normas práticas". Desde agora, porém, aplique-se a conhecer melhor aquele Deus ao qual você quer servir.

Voltemos, então, a falar dele, que é Amor. É próprio do Amor manifestar-se, comunicar-se, doar-se, entregar-se. Veja como isso acontece dentro daquela que podemos chamar a "Família Trinitária", a Santíssima Trindade.

O Pai é o Amor em si mesmo, perfeitíssimo, santíssimo, eterno. O Filho é a imagem viva, a expressão do Amor, que é o Pai. O Espírito Santo é o Amor vivo com que o Pai ama o Filho, e o Filho ama o Pai. Por isso é um só Deus em três Pessoas: Pai e Filho e Espírito Santo. Difícil de entender, não é? Por enquanto basta isto: o mistério da Santíssima Trindade haveremos de contemplá-lo no paraíso. Neste mundo basta crer, adorar, amar e servir ao Deus-Trindade.

Veja bem, portanto, quem é esse Deus a quem você "presta serviço" quando vai "proclamar" sua Palavra na liturgia. Ser "ministro(a)" significa precisamente isto: "servir" a Deus, "servir" à Palavra; não "servir-se" do encargo para se considerar maior e melhor que os outros ou para se promover: ministro(a) = servidor/a, nada mais.

2. Deus fala?

Nosso Deus/Amor fala, sim. Não como nós, claro, mas ele se comunica conosco e de diversos modos. A Carta aos Hebreus começa assim: "Muitas vezes e de muitos modos, falou Deus aos nossos pais, nos tempos antigos, por meio dos profetas. Nestes dias, que são os últimos, Deus falou-nos por meio do Filho" (Hebreus 1,1-2). Inclusive, a Carta aos Hebreus não disse tudo, pois, antes ainda de Deus falar por meio dos profetas, falou e continua a falar por meio de tudo o que criou: seres inanimados e animados, pedras, plantas, animais, humanos, acontecimentos, história... Na realidade, nós vivemos "mergulhados" no mar das palavras de Deus: basta abrir os olhos, os ouvidos, particularmente a inteligência e o coração.

Conclusão: sim, Deus fala. Assim como nós usamos a "palavra" para nos comunicar, também Deus/Amor se comunica conosco por meio da "Palavra". Por "palavra", porém, aqui se entende toda forma de comunicação: palavras, gestos, sinais, pessoas, coisas, acontecimentos... É assim que Ele se comunica conosco. Tudo o que fez, faz e fará por nós é "Palavra de Deus".

3. Deus fala por meio da Criação

Basta abrir os olhos e os ouvidos e prestar atenção: em cada coisa, da menor à maior, você pode "ouvir" e "ver" Deus falando. Não sou poeta para encantá-lo(a) com a descrição de sua Criação. Tudo, absolutamente tudo o que existe, tem sua raiz em Deus Criador e exprime, de alguma forma, sua sabedoria, sua grandeza, seu poder, sua bondade. Tanto é verdade que, partindo da contemplação das coisas criadas, pode-se chegar à conclusão de que Deus existe, de que "deve" existir, pois, do contrário, não daria para explicar o universo. Veja o que diz o Livro da Sabedoria: é uma citação um pouco longa, mas vale a pena lê-la com atenção:

> Insensatos são todos aqueles homens em quem se instalou a ignorância de Deus e que, a partir dos bens visíveis, não foram capazes de descobrir aquele que é, nem, considerando as obras, reconheceram o Artífice. Antes foi o fogo, o vento ou o ar subtil, a abóbada estrelada, ou a água impetuosa, ou os luzeiros do céu que tomaram por deuses, governadores do mundo. Se, fascinados pela sua beleza, os tomaram por deuses, aprendam quão mais belo que tudo é o Senhor, pois foi o próprio autor da beleza que os criou. E, se os impressionou a sua força e o seu poder, compreendam quão mais poderoso é aquele que os criou, pois, na grandeza e na beleza das criaturas, se contempla, por analogia, o seu Criador (Sabedoria 13,1-5).

Em uma de suas viagens, quando São Paulo esteve em Listra, falando aos pagãos, disse-lhes:

> O Deus vivo, que fez o céu, a terra e o mar e tudo o que neles existe, nas gerações passadas, permitiu que todos os povos seguissem seus próprios caminhos, mas nem por isso deixou de dar testemunho de si mesmo, por seus benefícios, mandando do céu chuvas e colheitas, dando alimento e alegrando vossos corações" (Atos dos Apóstolos 14, 15-17).

E, em Atenas, ao discursar para os "intelectuais" da cidade, entre outras coisas, afirmou:

> O Deus que criou o mundo e tudo quanto nele se encontra, ele, que é o Senhor do céu e da terra... a todos dá a vida, a respiração e tudo o mais. Fez... todo o gênero humano... e fixou a sequência dos tempos... a fim de que os homens procurem a Deus e se esforcem por encontrá-lo, mesmo que tateando, embora ele não se encontre longe de cada um de nós. De fato, é nele que nós vivemos, nos

movemos e existimos (Atos dos Apóstolos 17,24-28).

Veja bem: "Em Deus vivemos, em Deus nos movemos, em Deus existimos". Como posso dizer, então, que não ouço e não vejo o que ele me diz por meio de tudo o que ele criou? Preste atenção: tome um microscópio, um telescópio, contemple a menor das flores, a imensidão do universo, a multidão dos astros, a grandeza do mar, a altura das montanhas... tudo fala da sabedoria, da grandeza, da beleza, da força, do amor de Deus Criador. A Criação é "Palavra de Deus"! É só prestar atenção!

Pior cego é aquele que não quer enxergar. E cegos não faltam... Aí estão os que dizem que tudo é obra do acaso... Por que será que até hoje o "acaso" não conseguiu fazer nenhum deles rico e feliz, sem ter de trabalhar honestamente... ou o livrar de enfermidades graves... ou evitar sua morte... Pobre "acaso"!

Está na hora de reconhecer que a Criação é obra do Criador e que ele nos fala por meio dela, despertando em nós adoração e louvor. Adore e louve o Criador como fazem os *Salmos 8* e *104(103)* e o *Livro de Daniel, 3,57-81*, que convido a ler com atenção. E acostume-se a "ouvir" o que o Criador nos diz por meio de cada criatura, da maior à menor. Sim, porque Deus fala por meio de sua Criação!

4. Deus fala por meio dos seres humanos

Entre todas as criaturas, a mais perfeita, a mais bela é o ser humano, homem e mulher. O Salmo 8 diz assim, dirigindo-se ao Criador:

> Quando contemplo os céus, obra das tuas mãos, a lua e as estrelas que tu criaste: que é o homem para te lembrares dele, o filho do homem para com ele te preocupares? Quase fizeste dele um ser divino; de glória e de honra o coroaste. Deste-lhe o domínio sobre as obras das tuas mãos, tudo submeteste a seus pés: rebanhos e gado, sem exceção, e até mesmo os animais bravios; as aves do céu e os peixes do mar, tudo o que percorre os caminhos do oceano (Sl 8,4-9).

Dotado de inteligência e vontade, consciente da própria liberdade, o ser humano é a mais bela "palavra" que o Criador pronunciou ao criar o universo. Se ao contemplar as mais diversas criaturas, o homem "ouve" Deus lhe falar, contemplando sua própria perfeição, o ser humano tem motivos ainda mais abundantes e maiores para "ouvir" a voz do Criador. E, quando olha para dentro de si, para seu íntimo, quando procura "ouvir" seu coração, sua consciência, mais do que nunca ele adquire a certeza de que o Criador lhe fala.

Era bem isso que São Paulo explicava aos romanos: os judeus, para agir, tinham a Lei de Moisés, que lhes mostrava o caminho. Os pagãos não conheciam essa Lei. No entanto, quando,

> não tendo a Lei, praticam, por inclinação natural, o que está na Lei... mostram que o que a Lei manda praticar está escrito em seus corações; além disso, eles sentem o testemunho da própria consciência, bem como do próprio entendimento que, conforme o caso, os acusam ou aplaudem" (Romanos 2,14-15).

De fato, a consciência do ser humano o aplaude quando faz o bem e o acusa – o remorso! – quando pratica o mal. Que significa isso? Que Deus fala no íntimo do ser humano, de tal forma que nem os pagãos podem se desculpar, pois sua consciência os acusa ou aplaude, conforme o mal ou o bem que praticam. Costuma-se dizer que a voz da consciência é a voz de Deus. Santo Agostinho dizia que Deus é mais íntimo ao nosso coração do que nós mesmos o somos. É bem verdade que "em Deus vivemos, em Deus nos movemos, em Deus existimos". Ele está em nós e nós estamos nele. Como não "ouvir" sua voz?

5. Deus fala por meio dos acontecimentos da história

Se a "Palavra de Deus" ressoa em todas as suas criaturas, particularmente no ser humano, também ressoa nos acontecimentos de sua história através dos tempos. Costuma-se repetir: "Deus está no comando". É verdade: por piores que sejam os acontecimentos, como guerras, mortandades, doenças, desgraças, acidentes... nada escorrega das mãos do

Criador, pois ele, sendo onipotente, conduz a história para um final positivo. Deus não quer – não pode querer! – o mal; ele sabe, porém, servir-se do mal que os seres humanos aprontam para extrair dele um bem maior.

Por isso que você nunca pode perder a esperança em Deus. Como alguém me disse: "Faça de cada pedra em que você tropeça um degrau a mais para subir mais alto". É o que Deus faz com os acontecimentos da história humana: ele não para de nos "falar" por meio deles, e nós não podemos parar de "ouvir" o que ele nos quer dizer por meio da história que nós vamos entretecendo, entre alegrias e tristezas, sucessos e fracassos... Deus, realmente, está sempre no comando. Por isso, diante de qualquer acontecimento da história, pergunte: o que será que Deus quer dizer com isso?

Se você não conseguir descobrir, preste atenção na comparação que Santo Agostinho faz a respeito da história humana. Ele diz que Deus se serve dos acontecimentos para fazer com eles um bordado. Ele observa tudo o que acontece com os seres humanos, coisas boas e ruins, nada lhe passa despercebido; enquanto isso, vai recamando seu bordado: aqui uma flor, ali uma paisagem, um caminho, uma casa, montanhas, céu estrelado, mar... enfim, de cada acontecimento humano, ele, que é sumamente bom e sumamente poderoso, sabe extrair o que é bom, bonito, harmonioso, artístico... e o reproduz/representa em seu bordado.

Ora, acontece que nós, que estamos "aqui em baixo, olhando para cima", só vemos o avesso do bordado, um emaranhado de fios e nós, sem sentido... Mas, se subirmos até onde Deus está e olharmos o bordado de seu lado, ali arregalaremos os olhos, vendo a beleza que ele está bordando, e, então, compreenderemos que a história está em suas mãos e que, de todo e qualquer acontecimento, mesmo muito ruim, ele sabe "bordar" uma história bonita e santa.

Qual é a conclusão? Quem quiser ver a história dos seres humanos, tal como Deus a vê, precisa subir até onde ele está e olhá-la com seus olhos. Para isso, você precisa da "escada", do "guindaste" da Fé; precisa transplantar para seus olhos os olhos de Deus; e, então, tudo mudará de sentido.

Aprenda, então, que, por trás de todo e qualquer acontecimento, mesmo negativo, você encontra uma "palavra" de Deus. Até mesmo de seus pecados, que são o avesso da Palavra de Deus, você pode se servir para entender o que ele lhe quer dizer e por onde deve caminhar. Sim, Deus "fala" por meio da história dos seres humanos. Basta prestar atenção e iluminá-la com a luz da Fé. Por isso nunca perca sua Fé, nunca perca sua Esperança! E aprenda a "bordar" como Deus borda!

6. Deus fala por meio de um povo

Durante milhares, talvez milhões de anos, Deus falou aos seres humanos por meio da Criação, da consciência de cada um, de cada grupo humano, dos acontecimentos da história. Mas... nem sempre foi fácil as pessoas entenderem. Então,

Deus deu um passo a mais, aumentou, digamos, o volume de sua voz, falou mais claramente. Fez isso por meio de um povo que preparou para si. Este, com sua história guiada por Deus, haveria de ser uma "palavra" mais clara, mais inteligível, para que o mundo compreendesse melhor o pensamento e a vontade do Criador.

Onde Deus foi buscar esse povo? Assim como criou o mundo do nada, também do nada criou um povo que fosse todo seu. Começou chamando um homem: Abraão. De Abraão e seus descendentes, criou o povo hebreu: Israel, seu povo preferido. Não que fosse importante; pelo contrário. De fato, Deus disse aos hebreus:

> Não foi por serdes mais numerosos que outros povos que o Senhor se agradou de vós

> e vos escolheu; vós até éreis o mais pequeno de todos os povos. Foi porque o Senhor vos ama e é fiel ao juramento que fez a vossos pais, por isso é que, com mão forte, vos tirou e vos salvou da casa da servidão, da mão do faraó, rei do Egito" (Deuteronômio 7,7-8).

Essa história você conhece. Basta lembrar que, nos inícios, levados pela fome, os primeiros descendentes de Abraão – 70 pessoas – migraram para o Egito. Ali permaneceram muito tempo, cresceram e se multiplicaram; no entanto, ali também se tornaram escravos a serviço do faraó. Deus, porém, enviou-lhes Moisés para libertá-los e conduzi-los à terra prometida a Abraão. No deserto, a caminho da terra almejada, Deus fez com seu povo uma Aliança, que se pode resumir nestas palavras: "Vós sereis meu povo, e eu serei vosso Deus" (Êxodo 6,7).

O compromisso assumido diante de Deus constava de uma série de preceitos, sintetizados na chamada Lei de Moisés, os Dez Mandamentos. Diz a Bíblia que Moisés apresentou-os ao povo, e "todo o povo, unânime, respondeu: Tudo o que o Senhor disse, nós o faremos" (Êxodo 9,8). Tudo, mesmo?

Parece que esse povo não conseguia perceber a mão de Deus em toda a sua história, notar sua presença caminhando com ele, "ouvir" sua palavra, que ressoava por meio dos admiráveis prodígios que aconteciam no caminho, pelo deserto, a começar da libertação da escravidão do Egito. Com razão Deus se queixou com Moisés: "Vejo bem que este povo é um povo de cabeça dura" (Êxodo 32-9).

E assim foi por séculos. Instável como as ondas do mar, ora adorando a Deus e obedecendo a seus Mandamentos, ora voltando-lhe as costas para adorar deuses do paganismo e seus ídolos, a história do povo hebreu foi uma sucessão de fidelidades e infidelidades. Deus, porém, nunca se cansou de seu povo predileto. Além de lhe dar intermináveis provas de amor, de perdão e de misericórdia, também provou seu povo mediante o sofrimento – em particular, com os 70 anos de exílio na Babilônia – para "quebrar" a infidelidade de seus corações.

Como se isso não bastasse, na sucessão das gerações, Deus suscitou, em meio a seu povo, líderes – os Juízes – que abriam os olhos e os ouvidos do povo para ser fiel à Aliança com Deus. Em particular, enviou-lhes os Profetas que, com suas palavras, seus gestos simbólicos, seus escritos transmitidos de geração em geração, fizessem ressoar aos ouvidos de Israel a Palavra do Senhor.

Tudo isso pouco adiantou. Todavia, em meio ao mar das infidelidades do povo eleito, movidos por autêntica piedade filial, não faltaram pessoas que compreendessem quanto Deus amava e perdoava a seu povo: eram os "anawim", o "pequeno resto" de Israel, os pobres de espírito, os humildes, os simples, pessoas atentas aos sinais dele. Dentre eles, Deus se agradou particularmente de uma jovem de Nazaré, chamada Maria. Com ela, deu início a **uma nova criação, a um novo povo**, a uma Nova Aliança.

O Antigo Testamento não é senão a história da comunicação de Deus com os seres humanos, preparando-os, aos poucos, para a vinda ao mundo de seu próprio Filho, Jesus, nascido de Maria.

O Filho é tudo o que o Pai quis dizer a nós: por isso ele é a "Palavra" (o Verbo) de Deus, como diz São João em seu Evangelho: "A Palavra se fez carne e habitou entre nós" (João 1,14).

7. Deus fala por meio de seu Filho

Retomemos agora o início da Carta aos Hebreus: "Muitas vezes e de muitos modos, falou Deus a nossos pais, nos tempos antigos, por meio dos profetas. Nestes dias, que são os últimos, Deus falou-nos por meio do Filho" (Hebreus 1,1-2). Se, por meio da Criação e da história do povo escolhido, Deus não falou de forma suficientemente clara, agora está no meio de nós seu próprio Filho, que, feito homem, pode "falar", usando nossas próprias palavras, nossa própria linguagem.

Como você pode constatar, Deus "se comunicou" (falou, palavra) com o mundo segundo uma pedagogia bem definida: do mais genérico ao mais específico, ou seja: falou ao mundo de forma genérica por meio da Criação; depois de forma um pouco mais clara por meio do seu provo preferido, Israel; finalmente de forma explícita por meio de seu Filho Jesus.

Mais do que isto era impossível, pois o Filho é a imagem perfeita do Pai. Quando o apóstolo Filipe pediu a Jesus: "Senhor, mostra-nos o Pai", Jesus respondeu-lhe: "Quem me vê vê o Pai... Não crês que eu estou no Pai e o Pai está em mim?" (João 14,8-10). Aos judeus que o rodeavam no templo Jesus não disse: "Eu e o Pai somos Um" (João 10,30)?

Em síntese: tudo o que o Pai tinha e tem a dizer-nos, ele o disse em seu Filho e por meio de seu Filho. **O Filho é a "Palavra" de Deus.** É inútil preocupar-se em esperar alguma nova manifestação, alguma nova revelação. Está dito tudo o que nos é necessário saber para viver de acordo com a vontade de Deus.

O que falta, então? – Falta conhecer Jesus, tudo o que ele disse por meio de palavras, atitudes, comportamentos, sinais... Concretamente, trata-se de conhecer, meditar, aprofundar os Evangelhos e demais escritos do Novo Testamento, pois todos eles se referem à pessoa, à vida, aos ensinamentos, enfim, a tudo o que Jesus foi, fez, disse e nos transmitiu. A comunicação, a revelação, a Palavra de Deus está completa. Não que saibamos tudo a seu respeito, pois seria impossível, dada sua grandeza infinita... Mas tudo do que precisamos para viver, segundo os planos de Deus e o exemplo de Jesus Cristo, está dito, guardado, conservado, transmitido.

É bom que você observe também que não se trata somente de tomar conhecimento do que Jesus "disse" ao longo de seu tempo de ministério... Em Jesus, "tudo é palavra": sua pessoa, seus ditos, seu comportamento, suas obras, seus milagres/sinais. Sim, pois ele em pessoa é "a Palavra, que se fez carne e habitou entre nós" (cf. João 1,14).

A fim de que tudo o que Jesus foi, fez e ensinou não se perdesse, estão aí os quatro Evangelhos e os demais escritos do Novo Testamento. Fora disso, não há mais nada a dizer. Não é mais tempo de esperar novas "comunicações" (revelações, palavras) de Deus; agora é tempo de aprofundar tudo o que Jesus nos transmitiu. Nessa tarefa, entra em ação o Espírito de Jesus, o Espírito Santo, como ele mesmo prometeu: "Eu vos tenho falado dessas coisas estando ainda convosco. Ora, o Paráclito, o Espírito Santo, que o Pai enviará em meu nome, ele vos ensinará tudo e vos recordará tudo o que vos tenho dito" (João 14,25-26).

Jesus prometeu pelo menos cinco vezes que enviaria o Espírito Santo. Na quinta vez, ele disse: "Quando ele vier, o Espírito da Verdade, há de guiar-vos para a Verdade completa" (João 16,13). É precisamente função do Espírito Santo, em relação a tudo o que Jesus disse, fazer conhecer, compreender, aprofundar suas palavras. De fato, várias vezes o Evangelho de São João observa: "Depois que Jesus ressuscitou dentre os mortos, os discípulos se recordaram de que ele tinha dito isso e creram na Escritura e na palavra que Jesus havia falado" (João 2,22). Essa função do Espírito Santo continua ainda hoje em sua Igreja, Povo de Deus.

8. Deus fala por meio de sua Igreja/ Povo de Deus

Como já foi dito, a vinda do Filho de Deus ao mundo assinala o início de uma nova Criação, de uma Nova Aliança e também de um novo Povo de Deus. De fato, Jesus, ao iniciar seu ministério, sua primeira atitude foi convocar doze homens para estarem com ele e serem o alicerce do novo Povo de Deus, que chamamos Igreja (convocação, assembleia, reunião). Assim, como o povo escolhido da Antiga

Aliança era constituído pelas doze tribos de Israel, também o novo povo da Nova Aliança teria como base doze homens, que Jesus formou ao longo dos anos de seu ministério e que depois enviou a anunciar o Evangelho ao mundo inteiro.

De fato, Jesus Ressuscitado, ao voltar para junto de seu Pai, deu aos apóstolos a seguinte ordem: "Ide e fazei discípulos todos os povos, batizando-os em nome do Pai, do Filho e do Espírito Santo. Ensinai-os a observar tudo o que mandei. Eis que estou convosco todos os dias, até o fim dos tempos" (Mateus 28,19-20). E, no dia de Pentecostes, estando reunidos no Cenáculo os apóstolos, os discípulos, com Maria, a mãe de Jesus, desceu sobre eles o Espírito Santo. "Todos ficaram repletos do Espírito Santo e começaram a falar em outras línguas, conforme o Espírito lhes concedia expressar-se" (Atos dos Apóstolos 2,4). Nascia, assim, o novo Povo de Deus, o novo Israel, a Igreja de Cristo.

A partir desse momento, começou a pregação do Evangelho, cujo tema central era testemunhar a ressurreição de Jesus, o que equivalia a dizer: se Deus ressuscitou Jesus, libertando-o da morte, tudo o que ele disse é realmente "Palavra de Deus". Começaram as conversões, primeiro de muitos judeus, depois, aos poucos, também dos pagãos. Basta recordar aqui tudo o que narram os Atos dos Apóstolos, em particular a atividade sem-par de São Paulo.

A essa altura, já são mais de vinte séculos que a Igreja, novo Povo de Deus, crê, segue Jesus e o anuncia no mundo inteiro. Em outros termos, é a Palavra de Deus que, pela boca dos apóstolos, de seus sucessores (papa, bispos), dos sacerdotes e diáconos, continua a ressoar no mundo inteiro, a dar testemunho de Jesus e a acolher novos membros do Povo de Deus mediante o batismo.

A Palavra de Deus é sumamente eficaz em quem a acolhe com fé. Se não for rejeitada – como acontece com frequência! –, pode transformar o mundo. Aqui é bom recordar o que disse o profeta Isaías em nome de Deus:

> Tal como a chuva e a neve descem do céu e para lá não voltam antes de inebriar a terra, tornando-a fecunda e fazendo-a germinar, produzindo semente para quem semeia e pão para quem come, assim acontece com a minha palavra, que sai da minha boca: não voltará para mim vazia, mas fará tudo aquilo que decidi, realizando a missão para a qual a enviei (Isaías 55,10-11).

A Carta aos Hebreus, referindo-se à Palavra de Deus, afirma:

> A palavra de Deus é viva, eficaz e mais penetrante que qualquer espada de dois gumes. Penetra até dividir alma e espírito, articulações e medula. Julga os pensamentos e as intenções do coração. Não há criatura que possa ocultar-se diante dela. Tudo está nu e descoberto aos olhos daquele a quem devemos prestar contas (Hebreus 4,12-13).

Pode-se dizer que os mais de 20 séculos de história da Igreja foram anúncio da Palavra de Deus, pois esta é a função principal do Povo de Deus. A resposta à Palavra de Deus é a Fé, que o Espírito Santo infunde nos discípulos(as) de Jesus mediante o batismo. Como observa São Paulo: "A fé vem pelo ouvir, e o ouvir, pela Palavra de Cristo" (Romanos 10,17). Diz ainda: "É em nome de Cristo que exercemos as funções de embaixadores e é Deus quem, por nosso intermédio, vos exorta" (2Coríntios 5,20).

É, nessa mesma linha, que você deve se situar, você que exerce ou pretende exercer o Ministério da Palavra: o ministro(a) empresta a Deus sua boca, sua língua, sua voz para que os ouvintes ouçam a Deus na própria língua, e, dessa forma, a fé desponte em seus corações como resposta à Palavra de Deus.

9. Deus fala por meio da Bíblia, da Tradição e do Magistério da Igreja

A depositária da Palavra de Deus é a Igreja/Povo de Deus, que a conserva e transmite sob três formas: por escrito (Bíblia), por transmissão (Tradição), por ensinamento (Magistério).

- De fato, é a Igreja/Povo de Deus que nos dá garantias de que a Bíblia é Palavra de Deus inspirada pelo Espírito Santo e que foi posta por escrito através dos tempos.
- É a Igreja/Povo de Deus que, hoje, continua a crer o que, desde o princípio, Jesus e os Apóstolos nos transmitiram – Tradição – e que foi e é objeto da fé dos cristãos.
- É a Igreja/Povo de Deus que, por meio de seus pastores (bispos e papa), explicita e ensina – Magistério – a Palavra de Deus, sob a guia do Espírito Santo.

Vamos por partes.

- Em primeiro lugar, a **Bíblia** contém a Palavra de Deus por escrito. Costumo dizer que ela tem um "sol" que ilumina por dentro tanto o Antigo quanto o Novo Testamento. Esse "sol" é Jesus Cristo! O Antigo Testamento anuncia e prepara a vinda de Cristo. O Novo Testamento testemunha tudo o que Cristo foi e é, tudo o que fez e disse, tudo o que os apóstolos testemunharam e transmitiram a respeito dele. Ler a Bíblia, sem iluminá-la com a "luz" de Cristo, não tem nenhum sentido. Como não tem sentido "selecionar" na Bíblia esta ou aquela passagem da Palavra de Deus para justificar pontos de vista de ordem pessoal ou de grupo, sem levar em conta o conjunto dos livros do Antigo e do Novo Testamento.

- Em segundo lugar, a **Tradição** conserva e transmite a Palavra de

Deus, tal como a Igreja/Povo de Deus a recebeu desde os inícios. Não confunda Tradição com "tradicionalismo". Tradicionalismo é querer restaurar na Igreja situações, costumes, rituais do passado... Tradição não é isso! Tradição vem do latim *trádere*, que quer dizer "transmitir", "passar a outros o que se recebeu": significa transmitir a fé da Igreja/Povo de Deus, o que a Igreja sempre acreditou, desde os inícios até hoje. A Tradição não é uma "múmia" de museu... A Tradição é "viva", porque, com o passar dos tempos, ela vai sendo aprofundada, conhecida melhor em seus desdobramentos, sob a guia do Espírito Santo, que Jesus prometeu que haveria de nos conduzir a toda a Verdade (cf. João 16,13).

- Em terceiro lugar, o **Magistério** da Igreja é guardado pelos pastores da Igreja (papa e bispos), guardiões da Palavra de Deus. Para isso, receberam o dom do Espírito Santo no sacramento da Ordem. Cabe a eles dizer a última palavra, depois de constatar no que o Povo de Deus/Igreja crê, desde os inícios, a respeito de determinado ponto e aprofundar a Palavra de Deus mediante ajuda de peritos, biblistas, teólogos etc.

10. Deus fala por meio da consciência de cada pessoa

São Paulo, em sua Carta aos Romanos, escreve assim:

> Quando os pagãos, embora não tenham a Lei [de Moisés, como os judeus], praticam, por inclinação natural, o que a Lei prescreve, eles acabam sendo lei para si mesmos. Eles mostram que o que a Lei manda praticar está escrito nos seus corações. Inclusive, eles têm o testemunho de sua própria consciência e de seus pensamentos que, conforme o caso, os acusam ou defendem" (Romanos 2,14-15).

São Paulo traduz em palavras o que todos nós sentimos na consciência, no pensamento, no coração, quando fazemos o bem ou quando praticamos o mal: isto é, alegria no primeiro caso, remorso no segundo. Para isso, nem precisamos recorrer aos Dez Mandamentos ou a outras normas da Palavra de Deus, pois até os pagãos, que nada sabem de Mandamentos, sentem alegria ao fazer o bem e remorso ao praticar o mal.

O que significa isso? Que Deus fala pessoalmente no íntimo de cada pessoa.

Quem pode negá-lo? Com razão, Santo Agostinho afirmava: "Deus é mais íntimo a nós do que nós mesmos". Mais uma vez se verifica o que São Paulo pregou aos "intelectuais" de Atenas: "Em Deus vivemos, nele nos movemos, nele existimos (Atos dos Apóstolos 17,28).

11. O que diz a Bíblia sobre a Palavra de Deus?

Alguns textos, entre os muitíssimos que a Bíblia contém, podem ajudar a formar a consciência de quem pretende dedicar-se a "servir" à Palavra de Deus:

- Tua palavra é lâmpada para meus passos e luz para meus caminhos (Salmo 119/118, 105).
- A palavra de Deus é viva, eficaz e, mais penetrante que uma espada de

dois gumes, penetra até a divisão da alma e do corpo, das junturas e das medulas e discerne os sentimentos e as intenções do coração (Hebreus 4,12).

- Jesus respondeu: "Está escrito: 'Nem só de pão vive o homem, mas de toda palavra que procede da boca de Deus'" (Mateus 4,4).
- Guardei no coração tua palavra para não pecar contra ti (Salmo 119/118,11).
- Sede praticantes da palavra, e não apenas ouvintes, enganando-vos a vós mesmos (Tiago 1,22).
- Toda palavra de Deus é provada ao fogo, é um escudo para aqueles que confiam nele (Provérbios 30,5).
- Toda a Escritura é inspirada por Deus e adequada para ensinar, refutar, corrigir e educar na justiça, a fim de que

o homem de Deus seja perfeito e esteja preparado para toda a obra boa (2 Timóteo 3,16-17).

- Eu devoro tuas palavras quando as encontro; tua palavra é minha alegria e a delícia de meu coração, porque teu Nome foi invocado sobre mim, ó Senhor, Deus do universo! (Jeremias 15,16).

12. O que diz a Igreja sobre a Palavra de Deus?

Ao longo dos séculos, a Igreja muito falou sobre a Palavra de Deus, ou seja, sobre como Deus se tem revelado e continua a se revelar a nós. Podemos sintetizar seu ensinamento tomando conhecimento do que disse o Concílio Vaticano II (1962-1965), mediante a **Constituição Dogmática *"Dei Verbum"*, sobre a**

Palavra de Deus, publicada pelo papa São Paulo VI, em 18 de novembro de 1965. Trata-se de um documento breve, em 6 capítulos, mas fundamental. Vamos conhecê-lo, pelo menos de forma genérica,[1] dado que seu conteúdo já foi praticamente expresso nas páginas anteriores.

- ***Proêmio***

  As primeiras palavras do Concílio propõem "ouvir religiosamente a Palavra de Deus e proclamá-la com confiança". São duas atitudes que devem ser também nossas. "Ouvir" é uma atitude complexa: exige pôr-se conscientemente na presença de Deus e procurar compreender com

---

[1] Cf. D. HILÁRIO MOSER, *Concílio Vaticano II. Você conhece? Síntese dos documentos conciliares*, Editora Salesiana, São Paulo, 2006, p. 18-19.

exatidão o que ele quer dizer. Exige ainda fazer com que a Palavra penetre profundamente no tecido de minha vida, ponha em evidência os desencontros com Deus e reforce os compromissos de correspondência e fidelidade. Do contrário, é uma conversa entre surdos...

Em seguida, o Concílio pretende "proclamar com confiança" a Palavra de Deus. Aliás, essa é a missão que Cristo confiou a seus apóstolos antes de voltar para o Pai e que é missão de todo (a) discípulo(a), de todo(a) batizado(a): proclamar a Palavra, não só "pregando-a", sobretudo vivendo-a, testemunhando-a no dia a dia.

Dessa forma, só na primeira linha do documento do Concílio Vaticano II sobre a Palavra de Deus, dita também "Revelação Divina", já está todo um programa para quem pretende ser autêntico(a) discípulo(a) do Senhor, mais ainda para quem pretende ser Ministro(a) da Palavra de Deus.

O Concílio termina o "Proêmio" de seu documento citando Santo Agostinho: o grande objetivo do anúncio da Palavra consiste em que "o mundo inteiro, ouvindo, creia, crendo, espere, esperando, ame". Viver a Fé, a Esperança e a Caridade é viver a vida divina que recebemos no batismo. Por sua vez, a vida divina é precisamente o fruto produzido pela Palavra de Deus em nós.

- ***Capítulo I: A Palavra de Deus em si mesma***

O capítulo I esclarece que, por pura bondade, Deus quis revelar-se a si mesmo e tornar conhecido o mistério de sua vontade, a fim de que todos, sem exceção, pudessem mais facilmente ter acesso a ele com sólida certeza e sem mistura de nenhum erro. Afirma, também, que Deus se revelou aos poucos, no começo, por meio da própria natureza, depois pelos profetas e finalmente por meio do próprio Filho, a Palavra (Verbo) eterna, que ilumina todos os seres humanos.

- ***Capítulo II: Transmissão da Palavra de Deus (Divina Revelação)***
  Cristo, a Palavra plena e total de Deus, encarregou seus apóstolos de transmiti-la integralmente. Fiéis a esse mandato, eles deixaram essa mesma tarefa a seus sucessores, os bispos, exortando os fiéis a

manterem as tradições que aprenderam oralmente ou por carta e a combater pela fé que lhes foi transmitida uma vez para sempre.

- ***Capítulo III: Inspiração divina da Sagrada Escritura e sua interpretação***
  A Igreja Católica, segundo a fé apostólica, tem como sagrados e canônicos os livros completos tanto do Antigo como do Novo Testamento. Na redação dos livros sagrados, Deus se serviu de homens que escreveram tudo e só aquilo que ele, o verdadeiro autor, quis. Portanto tudo o que está escrito na Bíblia deve ser tido como afirmado pelo Espírito Santo. A Palavra de Deus, no entanto, foi escrita por homens e do jeito humano. Por isso, para bem

entender o que Deus quis revelar, é preciso levar em conta os "gêneros literários",[2] as circunstâncias de tempo e de cultura da época em que o texto foi escrito, bem como as circunstâncias de nosso tempo e de nossa cultura.

- ***Capítulo IV: o Antigo Testamento*** Deus, por palavras e gestos, revelou-se ao povo de Israel como único e verdadeiro Deus. Embora contenham coisas imperfeitas e transitórias, os livros do Antigo Testamento manifestam a verdadeira pedagogia divina. "Por isso devem ser devotamente recebidos pelos cristãos, pois exprimem um vivo senso de Deus,

---

[2] **"Gêneros literários"** são tipos ou espécies diferentes de literatura, como poesia e prosa, que podem ser poesia épica, lírica, dramática e prosa narrativa, retórica, expositiva...

uma salutar sabedoria concernente à vida do ser humano e admiráveis tesouros de preces" (*Dei Verbum* 15). Nesses livros, enfim, está latente o mistério de nossa salvação.

- ***Capítulo V: o Novo Testamento***
  O Novo Testamento, de modo eminente, manifesta todo o vigor da Palavra de Deus. Dentre todas as Escrituras, inclusive do Novo Testamento, "os Evangelhos gozam de merecida primazia, uma vez que constituem o principal testemunho sobre a vida e a doutrina do Verbo Encarnado, nosso Salvador" (*Dei Verbum* 18).

- ***Capítulo VI: a Sagrada Escritura na vida da Igreja***
  O Concílio orienta os cristãos sobre sua atitude em relação às Escrituras

e sobre seu uso na Igreja. Esse capítulo nos ensina que devemos venerar as divinas Escrituras do mesmo modo que veneramos a Eucaristia. Ensina também que, juntamente com a Tradição, as Escrituras devem ser consideradas como suprema regra de fé. É necessário, pois, que toda pregação e a religião cristã como um todo sejam alimentadas e regidas por ela. Recomenda-se que a Sagrada Escritura seja amplamente divulgada entre os fiéis e que as versões para as diversas línguas sejam feitas com a colaboração de outras Igrejas cristãs.

- ***Epílogo***

  "Assim, pois, que pela leitura e pelo estudo dos Livros Sagrados 'seja difundida e glorificada a Palavra de

Deus' e que o tesouro da Revelação, confiado à Igreja, cada vez mais encha os corações dos seres humanos. Assim como a vida da Igreja se desenvolve pela assídua participação no mistério eucarístico, assim é lícito esperar um novo impulso de vida espiritual de uma acrescida veneração pela Palavra de Deus, que 'permanece para sempre' (Isaías 40,8; 1Pedro 1,23)" (*Dei Verbum* 26).

13. Que atitude devo tomar diante da Palavra de Deus?

Seria insensato dizer que não sabemos onde se encontra a Palavra de Deus. Ela está diante de nossos olhos, ressoa a nossos ouvidos, podemos contemplá-la no mundo criado, lê-la no Livro Sagrado, conhecê-la na vida da Igreja, descobri-la nos acontecimentos da história, senti-la em nossa consciência e em nosso coração.

Na prática, a Palavra de Deus me "envolve", eu a "respiro", "mergulho" nela como em um mar... Tudo depende de mim, de minha fé. A Bíblia diz: "A fé é garantia das coisas que se esperam e certeza daquelas que não se veem" (Hebreus 11,1). A fé me faz "ver" e "ouvir" o que Deus me comunica. Se não vejo ou não escuto, a falha é minha, não de Deus.

Há na Bíblia uma passagem muito bela que se refere ao profeta Samuel, quando criança. Diz assim: "Samuel crescia, e o Senhor estava com ele. E não deixava cair por terra nenhuma de suas palavras (1Samuel 3,19). Esse menino podia ser o "mestre" de quem deseja assumir o Ministério da Palavra de Deus. Ser ministro(a) da Palavra é tornar-se "servo(a)" da Palavra.

Isso significa procurar conhecer a Palavra, lê-la atentamente, meditá-la, esforçar-se por praticá-la... Seria lamentável ver ministros(as) da Palavra subir ao presbitério para anunciá-la aos outros... quando, no dia a dia, pouco se empenham em praticá-la. Que o exemplo do menino Samuel desperte sua consciência, se você pretende ser Ministro(a) da Palavra de Deus.

Assim como o corpo se alimenta para poder crescer, fortalecer-se e exercer suas funções, assim o(a) discípulo(a) de Cristo precisa alimentar-se da Palavra de Deus para viver de acordo com o projeto de Deus, de acordo com o Evangelho. Jesus disse: "Não só de pão vive o homem, mas de toda palavra que sai da boca de Deus" (Mateus 4,4).

Em minha vida de discípulo ou discípula de Jesus, tudo se reduz a conhecer, aprofundar, meditar, interiorizar e praticar a Palavra de Deus. Foi o que os Santos fizeram: estiveram sempre atentos para saber o que Deus pedia a eles, em cada momento, e se empenhavam em pôr em prática a vontade de Deus. Se queremos ser discípulos ou discípulas de Jesus, não há outro caminho. Viver a Palavra de Deus é a forma melhor para anunciá-la aos outros.

14. O que significa ser "Ministro(a) da Palavra"?

Como disse, ministério é "serviço", não cargo; ministro é "servo", não chefe. É preciso tomar consciência muito clara dessa verdade e evitar toda forma de vaidade, de promoção pessoal, de pretender ser mais do que os outros... São "tentações" muito frequentes de todas as pessoas às quais é confiado algum trabalho na comunidade eclesial. Ninguém é mais importante do que os outros só pelo fato de subir ao presbitério e exercer algum ofício.

15. O que quer dizer "servir à Palavra"?

Em primeiro lugar, quer dizer pôr-se diante de Deus com humildade e comprometer-se a conhecer, aprofundar e viver a Palavra de Deus. Proclamá-la aos outros e não procurar praticá-la pode ser até uma espécie de escândalo e provocar os comentários negativos das pessoas que a ouvem. Diante de Deus, nada é mais belo do que ser "servo(a) da Palavra".

16. Sete dicas fundamentais:

1. Antes de tudo, a celebração exige que **os aparelhos de som funcionem bem**. Como é desagradável ter de suportar o microfone falhando, as caixas de som emitindo sons agudos, sofrerem interferências de outros aparelhos etc. A Palavra de Deus merece que se empenhem dinheiro e cuidados, a fim de que a celebração não enfrente improvisações ou que os membros da assembleia não consigam ouvir claramente as orações, os textos bíblicos proclamados, a palavra do celebrante...

2. Não se trata de "ler", mas de **"proclamar"** a Palavra de Deus. É muito diferente. Tenha-se presente que o Livro da Palavra de Deus contém os textos da Bíblia a serem usados nas celebrações litúrgicas. Esse livro é levado em procissão na entrada da celebração, é incensado, faz-se reverência a ele, é beijado, com ele o bispo abençoa o povo. É nele que se deve fazer a proclamação da Palavra, **não em um folheto qualquer**...

3. É fundamental **preparar o texto** que vai ser proclamado. O ideal é que a preparação seja feita no próprio Livro da Palavra de Deus, para não ter surpresas no momento da celebração. Não basta dar uma lida superficial no texto e depois pretender, sem o devido preparo, proclamar o que Deus nos quer dizer naquele momento (às vezes, percebe-se que quem deveria "proclamar" a Palavra não a está entendendo).

4. A proclamação da Palavra de Deus exige que seja feita com **voz clara, nem baixa, nem forte demais, e com calma,**

sem pressa (ler bem não é ler depressa...), para que a assembleia compreenda o que Deus está dizendo e sua Palavra caia nos corações, como a chuva fina que penetra na terra (tanto mais que a Bíblia, às vezes, contém palavras difíceis, nomes estranhos, expressões às quais os ouvidos das pessoas não estão acostumados).

5. Evite-se "encenar" a Palavra de Deus, alterando exageradamente a voz nas interrogações ou exclamações, dando forte entoação pessoal a uma expressão, fazendo gestos ou olhando para o público, como que perguntando se está entendendo... Não é o Ministro que fala à assembleia: é Deus que fala! Não se pretenda desempenhar o papel que é só de Deus e que acontece no íntimo das consciências.

6. Sejamos honestos: **nem todas as pessoas têm condições** para proclamar a Palavra de Deus na celebração litúrgica. Não tem sentido dizer que todos(as) têm o mesmo direito, porque todos são iguais... Não se trata disso. A Palavra é de Deus, merece cuidado especial. Pode ser bonito e emocionante, na Primeira Eucaristia, na Crisma, no Casamento... confiar a proclamação da Palavra de Deus a esta ou àquela pessoa, mas... quantas vezes o resultado é desolador... A Palavra é de Deus: respeitemo-la!

7. Quando, em um dia solene, é o Bispo que preside a celebração, terminada a proclamação da Palavra, leva-se a ele o Livro Sagrado para que o beije e com ele abençoe a assembleia. **Em vez de bater palmas, eduque-se o povo a fazer o sinal da cruz e a receber a Bênção da Palavra**, que ilumina nossa vida e nos ajuda a colocar em prática o que Deus acabou de nos dizer!

17. Conclusão

Você que é ou pretende ser Ministro(a) da Palavra de Deus faça como Maria, a Mãe de Jesus. Ao anjo Gabriel, que lhe comunicava a vontade de Deus, respondeu: "Eis aqui a **serva** do Senhor. Faça-se em mim segundo a tua **Palavra**".

ALGUNS TÍTULOS DO AUTOR

Disse Jesus

Sementes de Evangelho para seu dia a dia

"Disse Jesus" oferece-nos meditações sobre os mais conhecidos versículos dos Evangelhos para leitura em nosso dia a dia. A linguagem simples e concisa, mas ao mesmo tempo com grande profundidade, favorece que o leitor possa aplicar os textos em sua própria vida e transformar o que leu em oração. Cada meditação será para o leitor uma verdadeira semente de Evangelho plantada em seu no coração, que poderá também ser levada com a própria vida para outras pessoas a sua volta.

Os Sacramentos

O que são, para que servem e como recebê-los

Na obra "Os Sacramentos: o que são, para que servem e como recebê-los, Dom Hilário Moser apresenta uma catequese sobre os sete sacramentos, na forma de perguntas e respostas. O livro tem por objetivo ajudar-nos a compreender os sacramentos dentro do plano do Pai, que a todos deseja salvar mediante a presença de seu Filho e do Espírito Santo, e por meio da Igreja – povo de Deus e Corpo de Cristo –, que, pela pregação da Palavra e pela administração dos Sacramentos, faz chegar a cada coração a salvação que brota do coração de Deus.

Os Mandamentos

Luz de Deus para nosso caminho

Na obra "Os Mandamentos, luz de Deus para nosso caminho", Dom Hilário Moser traz uma catequese sobre os 10 Mandamentos, na forma de perguntas e respostas. Com linguagem simples, o livro reflete sobre os ensinamentos presentes nos Mandamentos, a partir das Sagradas Escrituras e do Catecismo da Igreja Católica, esclarecendo que os mandamentos, longe de ser um ato ditatorial, são a mão amorosa que o Pai nos estende, para nos guiar pelo caminho do bem.

Cartas aos santos do céu

Em Cartas aos Santos do Céu, Dom Hilário Moser escreve mensagens dirigidas aos diversos santos da Igreja, apresentadas em forma de carta, para nos ajudar a seguir o caminho da santidade cristã. Com linguagem simples, o autor se dirige, de maneira afetuosa, para aqueles cuja vida também nos inspira no caminho de conversão e de união com Deus.

Viver segundo o Espírito

Breve retiro espiritual

Este livro oferece um roteiro para um retiro espiritual, inspirando quem se propõe a fazer uma pausa para se dedicar à oração e à contemplação. São meditações simples, caseiras, em linguagem coloquial, do "jeito" familiar com que foram proferidas pelo autor. Depois de cada meditação, são sugeridas algumas citações da Palavra de Deus, que podem ajudar a aprofundar o tema que foi desenvolvido. A ideia central consiste em percorrer os caminhos do Espírito segundo o Evangelho, o que exige silêncio, recolhimento, abertura de coração, capacidade de ouvir e meditar, firme decisão da vontade.

Acenda sua luz

Pensamentos para iluminar a vida

O livro "Acenda sua luz", de Dom Hilário Moser, apresenta pequenas reflexões motivacionais, que nos ajudam a encontrar motivos para que nossa luz continue brilhando, mesmo nos dias mais escuros e cinzentos, e podem ser lidas a qualquer hora, em qualquer lugar.

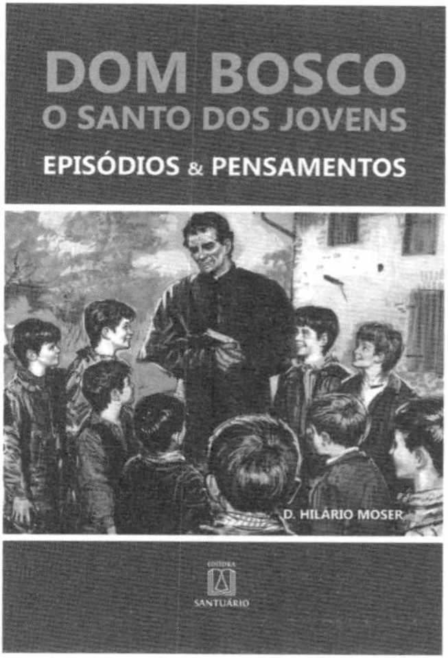

Dom Bosco: o Santo dos Jovens

Episódios & Pensamentos

Este livro apresenta uma breve biografia de Dom Bosco, com alguns pensamentos e episódios de sua vida que revelam a humanidade e a sabedoria desse grande homem de Deus. Os episódios são como pequenos vídeos que captam ao vivo São João Bosco, em meio a um turbilhão de iniciativas e atividades para o bem dos jovens e do povo.

Este livro foi composto com as famílias tipográficas Segoe UI e Playfair Display e impresso em papel Offset 75g pela Gráfica Santuário.